好きとか遊びとか
本気とか浮気とか
駆け引きとか、
もうどうでも
いいから
愛してくれ

みやめこ

It doesn’t matter
where I stand,
just love me.

miyameko

KADOKAWA

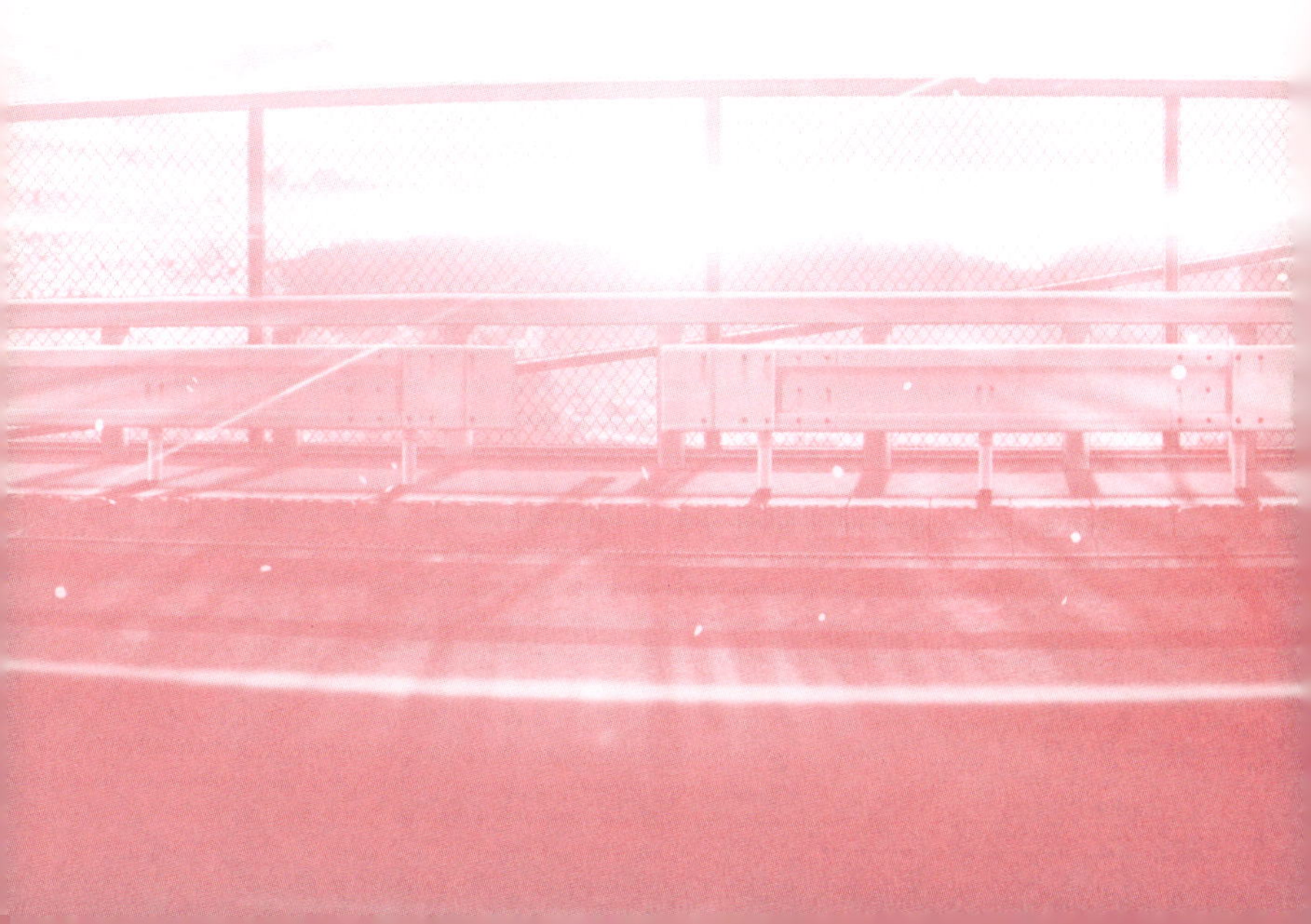

好きじゃない人にはノリで何でもできるし
冗談言えるしイチャつくフリもできるのに、
本当に好きだと何もできない。
恥ずかしくて何もできない。
違うんだよ、照れてんだよ、好きなんだよ。

私がいなきゃ無理とかきついとか言うけど
全然そんなことなくて、
いなかったらいないで余裕そうだし、
いてもいなくても変わらないみたいだし、
唯一無二の存在なんてないんだね。

試して、しがみついて、すがっていなきゃ
終わるような関係なんてすぐ壊れるから、
そんなことする必要なんてないのにね。
気持ちがつりあわなきゃ、
恋愛やってけないってのだって分かってる。

変な駆け引きしたって全然ダメだった。
好きとか遊びとか本気とか浮気とか
セフレとか駆け引きとか、
もうどうでもいいから愛してほしい。
何でもいいから愛してほしい。

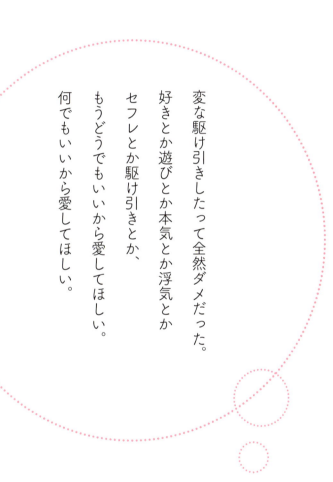

目次

Chapter 1 ひかえめに言っても好きすぎる

Chapter 2

いざ必要とされると逃げ出したくなる

Chapter 3 「あのときこうしておけば」に縛られている

Chapter 4
後悔を吹きとばして逞しく生きる

スタッフ
デザイン　bookwall
カバーイラスト　ふすい
DTP　佐藤史子
英文協力　Lee Farbstein

Chapter1

ひかえめに言っても好きすぎる

To say the least, I love you too much.

好きな人に一直線なときって、他の男がハウスダストに見える

私が本気で好きになって、ちゃんと付き合った人はこれまで二人いて、その内の一人が、私が働いていたキャバクラのボーイさん。出会って一ヶ月くらいで好きになった。

二コ年上で、性格はサバサバしていて、身長は一八〇センチ以上。

イケメン、お金持ち、女に財布は出させない、ドS……。私にとって何もかも完璧で、ドストライクな人だった。

彼氏のスペックが高いと他の男がハウスダストにしか見えなくなるし、どんなに言い寄られても視界に入ってこないけど、今、冷静に考えると視野が狭かっただけで、むしろかっこよい人もいたんじゃね……？　惜しいことした〜！って思うから不思議。何でキープしておかなかったんだろうって、マジあの頃の自分、頭おかしいって後悔する。

何度か遊びに行ったりするうちに、この人のこと本気で好きになるかもしれないのに！　幸せになるチャンスをひとつ逃したかもしれない。

でも、二番目の人なんていらないくらい、本気で好きだったんだよな。

一度でも粘膜擦り合わせて体液混ざり合った女が友達だ？

浮気が発覚して問い詰めたときに、「こいつはただの女友達だよ！」という奴。

すでに浮気してるってバレてるのに、友達って言い訳は苦しくないですか？　無理があるくない？　私が知っている「友達」の概念と違うんですが、私が間違ってるのかな。

「ただの女友達」なのに朝から寝るまで連絡取り合って、たまに遊びに行って、おまけにセックスすんの？　お前とのこと相談してたんだとか言いながら、水族館に行って、映画に行って、居酒屋行って、カラオケ行って、ホテルでセックスだ？　超楽しそうじゃん！

元々は女友達だったたってこと？　それとも、セックスもするけど、普通に遊びにも行くし、これって友達だよね、だからセーフだよねってこと？

へえ～！　あなたが「女友達」ですか！　なになに？　彼から私の相談をされていたんですね。私の彼氏が大変お世話になりました！　相談のためにセックスまでしていただいたみたいで、「友達」の下のお世話まで本当にありがとう！　彼氏の下まで慰めてくれたみたいで**本当にどうも死んでください！**

わざわざ追いかける恋愛を選んで、
苦しくなって、それが好きなの？
私は大好き！

自分が追いかけてないとそばにいれない人なんてさ、追うのやめたら簡単に離れていくんだよ。そんな人、追う価値ある？　愛されてたほうが幸せじゃない？

絶対ね、女の子は愛されて愛されて愛されてた方が幸せだし、どんどん可愛くなるし、追ってすがって傷ついて、毎日泣いてるような恋愛なんて、不幸になるだけ。

けど、何で好き好き言ってくれる人のことは好きになれないのに、傷つけてくる人のことばかり追ってしまうんだろう。

その人のことが好きだから追いかけてるというより、「好き！こんなに好きで、尽くしたり気があるアピールしてるのに全然振り向いてくれない！　病む！　超病む！　恋愛辛すぎワロタ！」って自分に酔っているだけなのかも。もう苦しみすら快感になっていて。

簡単に手に入る物には全く興味無いし、手に入りそうで入らない物ほど死に物狂いで手に入れようとしてしまう。

だから、私は好きな人には常に全力投球だし、死に物狂いで愛を伝えるんです。そんな私が大好き！

ヒール履いてるのに歩くペースを合わせてくれず、

スタスタ行っちゃう男は大事にしてくれませんよ。

軽い女演じても
どうせ私は重い女だし
もう全力で好きでいていいかな

これまで好きな人に一直線になってしまって、尽くしたいとか、言うこと何でも聞きますってスタンスだったけど、たいてい重たいって言われて振られるから、もう、ひとりの人に依存しすぎるのはやめようって思ったことがありました。

気持ちを分散させれば重さも減るだろうって浅はかな考えなんだけど、それしかないって思って、好きな人ができたときはわざとへらへらして、複数の男の人と遊んでますアピール……。それに君がいなくったって全然平気だし、むしろ君こそ遊びだし、付き合ってもいいけど二番手だよ？　くらいの気持ちでいけば、そっちからもやもやしてくるだろ？って臨んだけど、やっぱり家に帰って冷静になると好きな人のことを思い出して、何やってんだろバカみたいってひとりで病むだけだった。

変な駆け引きしたってぜんぜんだめで、結局私は重い女のまま。むしろ余計に気持ちが高まってしまって、好きな人のことばかり考えてしまいよくなかった。

好きとか遊びとか本気とか浮気とかセフレとか駆け引きとか、もうどうでもいいから愛してほしい。何でもいいから愛してほしい。

振って別れたのに、久々に連絡が来て会ったら好きが止まらなくて、もう苦しくてもいいやってセフレになっちゃう

一緒にいると、嫉妬とか、つりあってないんじゃないかっていう不安とか、また浮気されるんじゃないかとか、そういうのが辛くて苦しくて別れた元カレから久々に連絡がくると、やっぱりちょっと舞い上がってしまう。

嫌いになって別れたわけじゃないと、余計に。

久々に元カレから連絡がくるってのは、だいたい下心ありだし、あわよくばやれるって思われてるのバレバレだから、会わないほうがいいなんてこと分かるんだけど、でも私だって別れてから時間も経ってどうでもよくなってるからな、別に身体求められても断ればいいし、もうそういうんじゃないって言えばいいからごはんくらいなら……って、いざ会ったらやっぱ好きが止まらなくなる。

もう何でもいいや、苦しくてもいいや、泣いてばっかでいいや。もうどうなってもいい、好き！ってセックスして見事セフレになる流れ、これで何回目ですかね、ありがとうございます！

ちなみに、女が元カレと友達みたいに仲良くできるのはもうどうでもいいから。未練あるわけじゃないから勘違いするな。男が元カノと仲良くできるのはセックスしたいからだ。これ絶対。

年上に可愛がられて門限とか決められてめっちゃ大事にされたいし「俺いなきゃなんもできないんだから大人しく家にいなさい！」とか言われたいけど、年下に敬語で怒られたいし「僕

がいなきゃなにもできないんで
すか?」って言われて全部面倒
見てもらいたい。

「会えない時間が二人の愛を育む」って定型文、絶対嘘だから

昔付き合っていた人が、いつも友達や飲み会を優先する人で、空いた時間しか会ってくれなかったんですね。連絡も全然ないし、会うときはいつも急に呼び出されることばかりだったし、一ヶ月会えないなんて当たり前で。

それでも最初の方は、寝る直前までケータイ握り締めて連絡待ってたし、たまに電話がきたら飛び上がるくらいうれしかったけど、だんだん連絡がないことにも会えないことにも、ひとりでいることにも慣れてしまって。恋しさも寂しさも消えて、なんとも思わなくなってしまう。

だから、久々に連絡きても「誰やねんお前」、会っても「だから誰やねんお前」、むしろ「どちら様ですか」って気持ちになってくる。これまで私を放置してたのに、何、彼氏気取りしてんの？って。

やっぱりたくさん連絡取ってたくさん会ってないと、どんどん冷めてく。たくさん思い出つくって同じ時間を過ごした方が嫌なところも見えると思うけれど、そのぶん愛は深まるはず。

わかった？　**会えば会うほど好きが止まらなくなるから、ほら毎日会ってくれや。**

二番手がいる一番なんて価値がないし、特別扱いしてくれなきゃ死ぬ

彼氏に「私のこと好き？　一番好き？」って聞いて、「お前が一番だよ」って言われると、自分から聞いたくせに「へえ〜、じゃあ二番がいるんだ。二番はどんな子なんだろ」、「私がいなくなったら二番が一番に昇格するじゃん」、「代わりなんていくらでもいるん

だ」ってメンヘラ発動する。

私を喜ばせようと、一番だって言ってくれているのに、本当に他に誰もいないかもしれないのに、純粋な気持ちで聞けない。この思考、自分から見てもくそめんどくさい。

そんなのただの言葉だし、浮気してるかしてないか、実際どうなのかってところが重要なんだけど。

でも一番って言われないと嫌だし、でも一番だと、二番がいることになるし……って、もうエンドレス！

付き合う人付き合う人にこの質問してきたわけだけど、キュンときたベストな返しは、「一番とか二番とかじゃなくて、お前だけだし」です。

二番手がいる一番なんて価値ないわ。まず本当に一番だったら二番手なんてできるわけないけどね。

浮気されてるかもって思いながら一緒にいるのなんて辛すぎる

もう何も考えずに好きでいたい。余計なことも先のことも、何も考えずに好きでいたい。安心して一緒にいたい。

自分のこと、本当に好きでいてくれているのかとか、浮気されてないかとか、もういちいち不安になりたくない。疑いたくない。嫉妬したくない。この先どうなるんだろうとか考えたくない。ただ好きでいたい。安心して好きでいたい。めんどくさいことは全部やめて、ただ一緒にいたい。

喧嘩したり、浮気されたり、別に特に何かあったわけじゃなくても、急に不安になることがある。これまでの恋愛とか、浮気されがちな過去とか、もっと必要とされたいと思ってしまうこととか、感情がぐるぐるして心配になってしまう。少しでも怪しいなって思ってしまうともうだめで。「不安にさせないで、泣かせないで」と、号泣しながら彼に訴えたことがありました。

もう何でもいい。辛くてもいい。苦しくても裏切られてもいい。どうなってもいい。同じことの繰り返しでもいい。幸せになれなくてもいい。一緒にいればいい。もう何でもいい。もう疲れる恋愛はやめたい。

幸せになりたいって言いながらも心のどこかでどうせ幸せになれない。私なんかなれない。

誰からも愛されな
いって思ってるから
ずっとこのままなん
だろうな。

こんな顔面で会えねえ〜ってドキドキしながら好きな人と待ち合わせしたい

久しぶりに昼職の人と付き合ったときの話。

元々友達だったTくんと付き合い始めた頃は、まだ誰にも夜の仕事をしているって言ってなくて、もちろん彼にも秘密にしていた。

別れるまでずっと、バーでバイトしてることになってた。

だから健全なデートが多かった。お昼過ぎに駅前で待ち合わせして水族館に行って、その後夜ごはん食べて二十一時には解散する、というような。

やっぱり同業の人と付き合うと、夜に待ち合わせして、ごはん食べて、ホテルに行って朝まで……って流れが多いから、新鮮だった。Tくんは超イケメンで、つりあわなきゃって気持ちが大きくて。デートの前夜は朝方までキャバクラで働いたあと、小顔矯正して、半身浴して、トリートメントして、パックして、寝て、早起きして一時間かけてメイクして、髪も巻いて。でもコーデが決まらなくて結局時間ギリギリになって急いで電車に乗って。もちろん、ずっと鏡見て顔面クオリティの確認。

こんな顔面で会えねえ〜昼って明るすぎ〜帰りて〜って思いながらTくんの到着を待ってたの、今考えると超幸せだったのかも？

好きな人との話題づくりなら興味ない趣味も始めます

好きな人と共通の趣味をもって距離を縮める作戦って、安易に思えるけど、バカにしちゃだめだって思う。

十八歳の頃好きだったのが、当時働いていたキャバクラの社長さん。もちろん、お店に飲みに来てくれたときしか話せなかったんだけど、どうにか近づきたくて……。そのとき社長さんがはまっていたというポーカーのケータイアプリの話題に全然興味ないけど「それなに〜おもしろそう〜！　私もやりたーい！」ってくらいついて、自分もダウンロードしたり。

しかもポーカーの話をしているうちに盛り上がって、指名もらえたり、ゲームのこと教えてもらうために連絡先交換できたり、ゲームの話題だけでなくて、仕事頑張ってるから今度同伴してあげるねって言ってもらえたり、いいことばっかりだった。

ゲームではやく社長さんのレベルに追いついて対等に戦えるように寝る間も惜しんでゲームやって、課金しまくって。まったく興味なかったから辛かったけど、話題づくりになるならって必至だった。

すごくいい感じだと思ってたのに、社長さんの誕生日会で、結婚していてしかももうすぐ子どもが生まれることを知って撃沈。

すっぴんはどのタイミングで見せるのか問題

みなさん、好きな人（彼氏）にすっぴんはいつから見せられるか問題に直面したことありませんか？

どうでもいい人とか男友達にはむしろすっぴんのほうが楽だしくらいのノリで見せられるけど、好きな人には絶対に無理で。

最初のお泊まりでは、彼が寝てから化粧を落として、彼が起きる前に化粧をする。カラコンだってはずせない。

男の人は「化粧とればいいじゃん」とか「すっぴんのほうが好きだよ」とか簡単に言うけど、化粧している私しか見てなくて、そんな私を好きになったんやん！って思う。いくら大丈夫って言われても、がっかりされるのが怖い。

他にも、部屋着問題がありますよね。もちろん、女の子を百倍可愛く見せるもこもこのパジャマが必須。夏だって、暑くても半ズボンのもこもこはきます！　普段そんなの着ないのに、わざわざ買いに行って、「もこもこ気持ちよくて好きなの～」って毎日着て寝てますアピールしちゃったり。

でもしばらくすると、すっぴんも余裕で見せられるし、部屋着もTシャツ一枚だし、慣れってすごいな！

私「彼氏ほしい！（お前だよお前と付き合いたいアピールだよ！気づけ！）」
私「好きなタイプか～

（お前お前お前お前お前お前

お前）」

私「え？　今好きな人？

（お前——————！）」

一緒にお風呂入って洗いっこして、髪乾かしてもらったけど半乾きで、「ちゃんと乾かしてよ」って文句言いながらベッドになだれ込んで抱き合って寝るとか、料理してるときにちょっかい出してきて、「こっち真剣だからあっち行って！」ってブチ切れたり、「できたよー」って出したらめっちゃうまいうまい言いながら全部食べてくれるとか、そうゆうのだよ。

仕事から帰ってきた彼が寝てる私に「ただいまー」ってスーツのまま抱きついてきて、「落ち着くー」って言って、その

まま寝てしまうの何あ
れ。好きが止まらない。

彼が「ただいま」って玄関あけた瞬間、「おかえり」って抱きついて、そのまま抱っこされてベッドに連れてかれてセックスする流れ、好きすぎるし、一緒に歯をみがいてて、同時にうがいをしようとして洗面所争奪戦になるのも好きすぎる。

Chapter2

いざ必要とされると逃げ出したくなる

I want to ran away every time you need me.

友達から始まる恋は続かず出会ってすぐに好きになるほうが好きな気持ちが長続きする

元々先輩の彼氏だったKくんとは、高校生の頃から三年間友達だった。恋愛の相談にのったりのってもらったりしているうちに付き合うことに。これはあるあるな展開ですよね。

イケメンだし、優しいし、いい人だし、こんなに一緒にいても嫌じゃないんだから好きかもって思って付き合ったけど、「友達」に見せる顔と「恋人」に見せる顔って違って。Kくんはいざ付き合ってみると、束縛マザコンメンヘラ男だった。

LINEを三十分返さないと鬼電。友達とごはんに行くって言うと証拠写真を要求される。ママが絶対で一人だと何もできない。夜中に「俺のこと好き？」など病んだLINEが長文でくる……。

知り合いの期間が長いと、「友達」のときの顔を知っているぶん、何か思っていたのと違うってなる。一方、出会ってすぐに好きになる方が、最初から好き好き好き好きって気持ちなわけで、熱もあるし続くんだけど、好きすぎて追いかけまわすから、重いとかうざいとかの理由で結局振られて、後悔や未練たらたら女になる。

ってか、これ書いてて思ったけどまんま自分やん！　自分と同じタイプの人はやっぱ無理！

私がいなきゃ死んじゃいそうな人と
私がいなくても大丈夫そうな人

普通だったら、お前がいなきゃ無理とか、いなくなったらきついとか言ってくる、「私のことを必要としてくれる」男の人を選ぶと思う。やっぱり必要とされるとうれしいし、求められる感じがもう幸せだし。

「私がいなきゃ死んじゃいそうな人」を選ぶほうが幸せになれるというか心も満たされるし、いい気がするのに、結局は**「私がいなくても大丈夫そうな人」**を追いかけてしまうから、うまくいかないんだな。

私がいなくても大丈夫そうな人は、やっぱり自立してるし、かっこいいし、突き放されると追いかけちゃうし。

そうはいっても、「お前がいなきゃ無理」って言ってきた男の人だって、別れてからもみんな普通に生きてるし、余裕そうだし、次の彼女つくってる人だっているし。私なんていなくても大丈夫みたい。唯一無二の存在になんて永遠になれないんだとわかりました。

もちろん、私がいなきゃ生きていけないって思われたいけど、そもそも私には何もなくて、何もできなくて、「お前がいなきゃ無理」って言われて舞い上がってたのがバカみたい。結局独りよがりだった。

嫉妬してるっていうか、
自分が一番じゃないと
気が済まないのと、おも
ちゃ取られた子どもみ
たいな感情と、捨てられ

たくない恐怖心から相手に依存しているだけで、ヤキモチでもなんでもない気がする。

一緒にいる時間が長くなると「好きかも」って思うけど、しばらく離れてみると「そうでもねえや」ってなるから距離感って大事

毎日顔をあわせたり電話したりすると、好きかもって思うのはただの錯覚なのかな？

同じ学校の人を好きになって、顔を見るたびキュンキュンして。夏休みも冬休みも少し会えないと苦しくて、辛くて……ということ、

よくあると思います。

一週間とか一ヶ月って、会えないととっても苦しくて、恋の熱を盛り上げる絶妙な期間だと思うけど、卒業して、二ヶ月、半年、数年……と経つと、どうしてもどうしても忘れられなかった人の存在もだんだん忘れてしまって、平気になっていきませんか？

これと同じで、同棲とかはじめると、ずっと一緒にいるぶん、依存というか情もわいてきて、この人のこと好きだと錯覚してしまう。でもしばらく離れると、ぜんぜん大丈夫だったり、あのときは真剣にプレゼントを考えたりしていた誕生日すら忘れてしまって、ただ純粋な「好き」って気持ちだけでなく、距離って恋愛にすごく関係していると感じる。

その作戦を逆手にとって、好きな人と毎日連絡取るようにして、錯覚でも好きになってもらえたらいいじゃん……？

この人は私がいなきゃだめだって
思い込んでるフリして
自分がすがりついてるだけ

彼には私がいてあげないとっていう気持ちはエゴです。

好きになった人がすっごいクズで、ひとりじゃ料理も掃除も洗濯も何にもできないし、これは運命の出会いだし、彼のわがままやさみしさを受け止められるのは私だけで、「私が一緒にいてあげている」と立場が上だと思っていても、そんなの相手にはまったく関係なくて、結局独りよがりなんです。

もう「好き」っていう純粋な気持ちじゃなくて、ただの「依存」だし、本当に「この人は私がいなきゃだめ」だったとしても、彼の成長や自立を邪魔していることになるし、どっちにしてもよくない。

そう思ってしまった時点で、その恋に未来はないと思う。

共依存ならまだしも、だいたいが独りよがりな思いで、何かしてあげなきゃ……って頑張っちゃうから、重たい女になってしまうんです。

この人は私がいなきゃだめなんだって思い込んでるフリして、自分が捨てられたくなくてすがりついてるだけ。本当は私の方こそ彼がいないとだめになってるんだけど、それに気づけるのってなかなかむずかしい。

気持ちがつりあってないと
バランスが悪くて沈んでしまう
一緒に溺れるのなら可

私への愛情を確かめる為に、彼氏にわざと心配かけたり試すようなことばかりしてました。

思ってもないのに、「別れよ」って言ったり。最初は「なんで?」、「信じてもらえるように頑張るよ」、「たしかにお前と一緒にいると、めんどくせえとか思うときもあるし、サバサバした子と付き合う方が楽かもけど、俺はお前が大好きだよ」って、彼も引き止めてきたり構ってくれるけど、だんだんうんざりしてきているのが伝わってきて。

しつこく言うと可愛い範囲を超えてしまって、最後は引き止められもせず、嘘だよ、そんなこと思ってないよってすがっても拒絶されて。こうして振られる流れやめたい。

試して、しがみついて、すがっていなきゃすぐ終わるような関係なんてどうせすぐ壊れるから、そんなことする必要なんてないのにって分かってる。気持ちがつりあわなきゃ、恋愛やってけないってのだって分かってる。

でもどうしても重くなっちゃうんだよな。

どっちかが重くても軽くても、恋愛はうまく続かない。

こっちが病的に愛すからそっちは適当にフラフラしてて。適度にエサまいてくれればいいし好きに遊んで。死ぬまで追いかけ回すけど。

本当に好きかどうかは束縛されたときに分かる

基本的に束縛されたほうが、愛されている感じがしてとってもうれしい。外出するならどこに行くか教えろとか、男の連絡先消してとか、スカートはくなよとか、言われたときに「はぁぁぁんキュンキュン♡　可愛いなあ♡♡♡」ってなるパターンと、「きっしょ、誰じゃお前」ってなる二つに分かれる。一度「きっしょ」と思ってしまうともうアウト。ただ純粋に好きだと思い込んでいた頃には戻れません。

　元々同じくらい好きだと思っていた人であっても、束縛されたときの気持ちに違いがでる。どこに理由や原因があるかはっきりと分からないけど、後者はきっと、仲良くしすぎたり会いすぎたりして、好きだっていう錯覚に陥ってるパターンだと思う。簡単に言えば好きだと思い込んでいただけで勘違いだったということ。仲のいい友達のままでいたほうがよかったということ。

「この気持ちは本当なのかな?」って確かめるときに、束縛されたときのことを想像するっていうの、けっこういい方法だと思っていて、例えば、二人の人を好きになってしまったときや、この気持ちは恋と呼べるの?と悩んだときにおすすめです。

「私だからできること」がないから結局は一番になれない

私が永遠に二番手な気がするのは、相手に尽くしすぎるから。呼ばれたら何時でも行くし、身体を求められればいつでも喜んで差し出すし、料理も洗濯ももちろんやるし、奉仕しすぎてただのつまらない都合のいい女になってしまう。

好きなんだからそれくらい当たり前でしょって思うのに、従いすぎて、ものたりない女になってしまうんだと思う。

それに、私だからその人にしてあげられることっていうのがなくって、私の代わりになれる女の子なんて星の数ほどいるから、一番になれなかったんだと思う。

他にも、あのときもっとこうしとけばよかったとか、もっと早く性格直してればとか、あのとき怒らなければ泣かなければとか、わがまま言わなければとか、あのときあのときあのときあのときって思い浮かぶことがたくさんあって、永遠にあのときに縛られてるけど、たとえあのときの行動や言動を変えていようが永遠に二番手止まりには変わりなかった。

何でかと聞かれると分からないけど、そんな気がする。運命の人じゃなかったんだって思うようにしている。

浮気されてると思ったら……「あっちが彼女でお前が浮気相手だわ！」

完璧勘なんだけど、あれ？　こいつ浮気してるな？って思って、彼氏のケータイを見たら、案の定浮気されていて。

信じられない……って思いながら、「ねえ、浮気したの？」って聞いたら、曖昧な返事しかなくて。変な隠し方しないでよ、わかってるんだから！ってしつこく聞いたら、「お前が浮気相手だよ！」って逆ギレされた。

私は半年間、本気で好きで本気で付き合ってたから辛かった。彼はバイト先で出会った人で、そういえば、地元の友達と会わせてもらったことなかったし、休みの日に丸一日連絡が取れないときがあったり、家行っていい？と聞くと、家族がいるから無理って断られ続けたり……。

こっちは本気だったからそんなにすぐに嫌いになれなくて、浮気相手でいいから、二番手でいいから、離れたくないってすがったら、俺から連絡しない限りお前から連絡しないでくれたらこのままの関係を続けられるよって。むかついたけど会えなくなるよりはマシだから、その条件をのんで都合のいい女になったことがある。浮気されてると思ったら、自分が浮気相手とか辛すぎ。

「思ってること全部言って」「もっと素直になれよ」って言われたんで本当に思ってること全部言いまくったら重いだるい

めんどくさい俺はもう
これ以上どうにもでき
ないってフラれましたあ
りがとうございます！

彼の存在を探して付き合っていた頃の思い出にすがりついている

好きな人と別れてすぐの頃はやっぱり寂しくて、一人ではなかなか眠れなかったり、外を歩いていても今すれ違った人って……って振り向いちゃったり、彼からごめんねやり直そうよって連絡こないかなとか、ずっとどこかに彼の存在を探している。

だから、彼のつけていた香水を部屋とかベッドにふりまいて匂いに包まれて寝てみたり、いつもはメンソールのタバコをすっているけど、彼の真似をしてセブンスターにしてみたり、だけど苦くてむせちゃったり、彼氏とよく一緒に行っていたごはん屋さんにひとりで行ってみたり、彼が大好きで「うまいうまい」って言って食べてくれたハンバーグを一人でつくって食べてみたり、毎日この時間に「ただいまー」って帰ってきてたなって思い出してふと玄関のほうを見てみたり……。いるはずなんてないんだけど彼を探してしまっている。

ひとりでこんなことやって、悲しくなるだけだって分かっているのに、一人だと何だか落ち着かなくて。

もう時間は戻らなくて、こんなことしても虚しくて報われないだけなのに！って思いながらもやめられない。

片想い期間中ですら女と仲良くしてるの見て嫉妬して怒ってるこの性格どうやったら直せるの

好きな人が女の子と話してたりするだけで、嫌いになる。まだ自分のものでもなんでもないのに、取られるんじゃないかって、焦る。私はこんなに思ってるのにって、バカみたいだけど勝手に独占欲が湧いてきて、もやもやしてしまう。

そういう光景を見たとき、どちらかというと好きな人にではなくて、女の子のほうを責めてしまう。取らないでよ！って。

二人で遊びに行くなんて噂を聞いたら本気で死ぬ。けど、気になるから、女の子の恋を応援しているふりして近づく。どれくらい好きなのか、どれくらいの頻度で連絡を取り合っているのか、遊びに行っているのか、もう付き合っているのか、セフレなのか……私は気がありませんよって思わせておいて、二人の距離をさぐる。

まだそんなにだったらよしってなるし、いい感じだと発狂する。どっちだったとしても、ただ嫉妬して死にたくなるだけで、何もできない。

好きな男の子と仲良くしている子が、私の仲のいい女友達だったら、嫌いになれないけど、嫉妬してしまうから複雑。敵対心は抱いてしまうよね。結局そんな自分も責めて心が死ぬ。

好きな人からの着信音を好きな歌に設定すると別れたとき死ぬ

今はLINEで連絡を取り合うのが主流だから、なかなかやらないかもしれないけれど、数年前までは、電話とメールの通知音を人によって変えられて、好きな人からの着信音だけ自分の好きな歌に設定するのが流行ってた。その曲がなると、彼からの連絡だって分かって、何をしてても すぐにケータイをチェックしていた。

でもいざ別れると、あんなに大好きだった曲がトラウマになっちゃって……。自分からは聴かないように、思い出さないように避けてても、ふとコンビニのBGMで流れたり、テレビの歌番組で放送されたり、カラオケで歌われたりで、思い出してしまってダメージ大。彼との楽しい思い出がどんどんよみがえってくる。

もうすっかり彼のことを忘れた頃、ケータイからその着信音がなって息が止まりそうになったことがある。元カレからの連絡だった。着信音を変えずそのままにしていた私を恨んだ。傷は癒えたと思っても、曲は一斉にそのときの感情や思い出を連れてきてしまうんだなって。

ちなみに彼のケータイに電話したときに流れる待ちうたも忘れられなくて、聴くたびにメンタルが死にます。

普段思ってることが
なかなか言えなくて
も、喧嘩だとキレた
勢いで何でも言える

からたまには喧嘩
も必要。

彼色に染まる派の女はただの都合のいい女　はーい私でーす

好きな人ができたら、服装も髪型も化粧も趣味も性格も何でもその人の色に染まりたいって思う派と、このままの私を愛して派に分かれると思うんです。

染まる派なのって、尽くすのが好きだったり、嫌われるのが怖かったりする人が多いのかな。反対に染まらない派の人は個性を大事にしている人とか……？

私はもちろん彼色に染まる派！　大好きな人にもっと大好きになってほしいし、そのために頑張るのって素敵なことだと思いませんか？

タバコやめてって言われたらやめるし、髪切ってって言われたら切るし、スカートはかないでヒールはかないでって頼まれたらはかないし、夜遅く出歩かないでって言われたら夜遊びなんてやめるし、色々と言われれば言われるほど、束縛されればされるほど、愛されてるって思う。

相手を理解して受け止めようとしている証拠だし、共通の趣味があるのっていいことだし、彼の好きなタイプになっていくならめちゃくちゃいいことじゃないですか？

プレゼントをもらったときに上手に可愛く喜べる子はもらうことに慣れてるってこと？

誕生日にいい思い出がない。

昨年の誕生日は、誕生日の数日前に彼氏と喧嘩をして、そのまま連絡がこなくて、一緒に過ごすこともたった一言「おめでとう」も言ってもらえなかった。

その前の誕生日は、彼氏が家まで祝いに来てくれたんだけど、セックスしたら、すぐに用事があるからって帰ってしまって寂しかった。よくよく調べたら浮気相手と会っていたらしい。

今年の誕生日はいつもと違って、好きな人に「毎年誕生日にいい思い出ないんだ」って言ってたら、誕生日に仕事の有給とって旅行の計画立ててくれて旅館に行って、十二時ぴったりにカルティエの指輪をくれたりして。最高かよ！って誕生日だった。

でもプレゼントをもらったときにあまりいい反応がなくて、うれしくないのかなって思われていたらしい。これまでこんなにうれしいことをしてもらったことがないから、どうリアクションしたらいいのか分からなかった。もっと上手によろこべたらよかったのにって。少しオーバーなくらい喜んでますアピールできたら、可愛いなあって思ってもらえてたかな。

Q

好きになってはいけない人を好きになってしまったらどうしますか?

A

気持ちを自分の中で抑え込んで押し殺す。それでも抑えきれなかったら、手首切る。

Q

片想いの終わりを教えてください。

A

その人のことを考えて苦しむことがなくなったとき。期待をしなくなったとき。

Q

友人に、彼氏ができない理由は隙がないからだと言われました。隙がないとできないのですか？

A

隙がある女しか落とせない男と付き合ったところで……。

Q

恋してると思うのってどんなときですか？

A

その人の言動でいちいち一喜一憂したり、ＬＩＮＥがきたら飛び上がるほどうれしかったり、電話がきたら出る前に一回深呼吸しちゃったり、仕事が手につかなかったり……。とにかくその人に振り回されてるとき。

Q

男性が喜ぶ会話のテクニックを教えてください。

A

細かいところを褒めまくる。めがねがおしゃれですねとか、チェックのシャツが似合いますねとか、具体的に褒める。とにかく褒める。

Q

自分から告白する？
それとも告白されるようにうながす？

A

絶対自分から告白しない。あなたに気があ
りますアピールをしまくって、相手から告
白させる。

Q

ぶりっこについてどう思う?

A

男の子の前で可愛くふるまえるのって、自分の可愛さを知っていて、どうすれば可愛いと思われるのか分かっているということだから、素直に憧れる。

Q

男を落とすテクニックはありますか？

A

まず完璧な顔を用意します。

Chapter3

「あのときこうしておけば」に縛られている

I'm tied down on "What I wish I had done."

付き合う前にセックスするのはタブーだって誰でも知ってるのに今日も都合のいい女やってます

片想いの人と、何かの拍子に「そういう」雰囲気になったこと、ありませんか?

やばい、このままではセフレになってしまうって思うけど、断って嫌われたらいやだなとか、次が無かったらいやだな、もう会ってくれなかったら生きていけないじゃんとか、「いやいや！　もしかしたらこのあと付き合えるかも！」とか、色んな葛藤と淡い期待が頭の中をグルグルして。

そんな思いとは裏腹に、自然と股は開いてる。股は恋心に素直。好きな人と身体を合わせるってすごい幸せなことだし、こんなチャンス逃したくないし、何より女として見られてるんだ！ってどんどんうれしくなっていて。

でも、付き合ってないのにセックスしてしまったら、誰とでもこういうことやってる尻軽女だと思われるし、そもそも付き合える可能性を自分でぶち壊しているのかも……、でもしたいんだよ……って考えている頃にはもう挿入までいってます。

どちらにしても、私の場合、**セックスから始まった恋でうまくいったことはありません！**　もう膣閉じたい。

仕事ができる人は浮気も器用にやってのける

仕事ができる男の人って、余裕があるように見えてかっこいいし、ついついキュンとしちゃう。頼りがいあるし、知的だし、お金も持ってるから、一緒に遊ぶのも楽しいし。

でもそのぶんモテるんですよね。さらにやっかいなのが、仕事がバリバリできる人って、浮気するときもめちゃくちゃ器用にやるし、徹底してるとこ。

マメで時間の管理もうまいし、連絡とか会う頻度も多くて大事にされていると思ってたし、こんなに一緒にいてくれるんだから浮気なんてしてないだろ！って、疑う余地もないくらいでも、やっぱり仕事ができる人はちがうんですよね。

こまめに電話とかLINEの履歴を消したり、ケータイの登録名を男の人の名前にかえたりしてるんですよ……。仕事ができる男には気をつけたほうがいいです。

ちなみに私がなぜ浮気されてるのが分かったかというと、彼が酔っ払ったときにぼろが出たから。どんなに仕事ができても、アルコールには逆らえない！　酔っているときに「ん？」って思うことが出てきたら、グイグイさぐってみて。

好きじゃなかったら
一緒にいないだろお
前みたいなめんどく
さい奴と一・って言わ

付き合って一週間後にめんどくさいって理由でフラれた話する？

新しく彼氏ができて会う約束をするとき「生理だよ?」って確認してしまうのやめたい

生理のとき、先に言っておくか言わないか問題ってけっこう大事じゃないですか。特に泊まりのときとか、今日セックスしそうだなーってとき。

都合のいい女をやりすぎると、私に寄ってくる人みんな身体目当てなのかな？って思ってしまうし、セックスで愛情を確かめるばっかりだったから、生理なのに会ってもいいのかな？　セックスできないけどいいのかな？　そんな私でも一緒にいてくれるかな？って、普通が分からなくなる。

だから、付き合いたての彼氏と会う約束をするとき、「生理だけどいいの？」って確認してしまう。

この人は身体目的で私と付き合ってるんじゃないって分かってるからやめたいのに、いつもそんなこと聞いちゃって。

結局みんな、「関係なくね？　会おうよ！」って言ってくれるんだけど、そのたびに、ああ断らないんだこの人は、って安心してしまう。

セフレじゃなくて付き合ってるんだから、関係ないって思いたいけどむずかしい。これからも聞いてしまうんだろうな。

浮気されても色々言い訳聞いてるうちに
だんだん可哀想になってきて
まんまと許してまた浮気される

浮気を見つけたとき、なんで？　なんで浮気したの？　私のこと好きだって言ったじゃん！って思うんだけど、なんだかんだ結局好きだし、泣かれたりするとやっぱり弱くて。

酔っ払ってまったく記憶なくてとか、本当に好きなのはお前だけなんだとか言われると、「それなら仕方ないよな……こんなに謝ってるし……」ってなって洗脳されて、まんまと許してまた浮気されるみなさん！　ちなみに、浮気男がよく使うセリフランキング（みやめこ調べ）は、

一位「もう二度としないからもう一度だけチャンスください！」

……一回した奴は絶対二回目もするんだよ。

二位「一生をかけて幸せにする」……言われたときはうれしいけど、ずいぶん無責任な言葉だよな。浮気男は何も考えずに一生とか言いがち。ってか、まず一回浮気されて不幸になってんだよ！

三位「浮気なんてしねーよ！　めんどくせーもん！」……これ、わざわざ言うあたり逆に怪しい。頭の中と身体は別ものだもんな。なので気をつけてください。それでも好きだったら失うよりもそばにいることを選んで許しちゃうよね。

男のもっとも信用できないセリフランキング一位は

「寝てた」。

私の顔がもっと可愛かったら「好き」って甘えることも「会いたい！」ってわがままも言えてた

自分の顔が可愛かったら何でもできたのに。容姿に全く自信がないから、私が好きとか会いたいとか言って、「なんやこの勘違いブス、キモ！」って思われるのが怖い。彼とつりあってないって思うから、自分から何にも言えない……。

本当はもっともっと自分から連絡したいし、会いたいって言いたいし甘えたい。でもできない。自信があったらもっと好きとか会いたいとか言えてた。

あっちから連絡が来ないと自分から連絡できないからしばらく会えないし、来なかったら来なかったで病むんだけど、ただ待つしかなくって。

そのくせ、せっかく連絡きて「会う？」って聞かれても、「どっちでもいいよ」って返事しちゃうし、はっきり言えなくて、「会いたいから会おうよ」って言ってくれるのを待ってる。「会いたい？」って聞かれないと、素直に「うん」って言えない。

心の中ではこんなに葛藤してるのに、表情にでてたのか、顔を覗き込んできて「どうしたの？」って聞くの今すぐやめろ。心臓止まるだろ。好き好き大好きずっと一緒にいて！

セフレから本命になれる確率は「ゴキブリが人間になる」くらい低い

ツイキャスで、ある女の子から、「セフレから彼女になれますか」って質問が来た。男子に回答を求めたら、

「セフレのこと好きになるって、ゴキブリが人間になるくらいの確率で無い」

「セフレから彼女にするって、マラソンでゴールしたのにまたスタートに戻れって言われてるようなもの」

と恐ろしい回答がきて全メンヘラが死んだ。

でも、なるほどって思ったんですよね。

確かに、私も彼女もちの人を好きになって、ずっと諦められなくて、でもどうしても好きで。セフレから彼女になったものの、結局浮気されてまたセフレに降格したし。セフレ要員は結局セフレで終わってしまうんです。

どうせ浮気する男は何度でも浮気するし、セフレつくる男はセフレをつくる！

だからどんなに男が甘い言葉を言ってきても、セフレ要員はセフレ要員。その一時は幸せかもしれないけど、長い目でみたら絶対幸せになれません。

セックスで始まる恋は

セックスで
終わる。

「俺じゃ幸せにできない」って振り方、ダメ男が使うセリフナンバーワンだから

大好きで大好きで仕方なかった彼。

彼もうれしそうに「本当お前、俺のこと大好きだな」って優しく頭を撫でてくれてたのに、段々鬱陶《うっとう》しくなってきたのかな？

冷たくなってきて、別れを切り出されたときは「何でそんな俺に

こだわるの？　俺といても幸せになれないよ」って言われて。こんなに好きで迷惑だよね、ごめんね。

あんなに束縛してきて、好きだから全部言うこと聞いて、仕事も制限されて友達と遊ぶのも制限されて、でも好きだから我慢して。

もう彼しかいなかったのに。全部奪ったあとにいきなり捨てるの残酷過ぎるでしょ。全部奪ったくせに。全部捨てたのに。

みやめこ調べでは、「俺じゃ幸せにできない」って振り方、ダメ男が使うセリフナンバーワンだから。別れたときはこの世の終わりかと思うくらい絶望してこの先この人以上好きになれる人なんていないって引きずったけど、今ではあんなくそ男ってなってるしどうでもいいし失恋なんて辛いの今だけだよ。頑張ろうね。

ちなみにナンバーツーは「お前のこと好きだけど、お互いのこと考えると距離を置いたほうがいいと思う」です。

元カノコンプレックス

誰もが気になる存在、「元カノ」。
所詮過去のことだから気にしなくていいのかもだけど、やっぱり、
元カノよりも愛されていないと嫌！　付き合ってたことを死ぬほど
後悔してくれたらいいのに。

そうは言っても、元カノ全員が嫌いなわけじゃなくて、明らかに私より可愛いとか細いとか、性格よさそうとか、自分の方が劣ってるなと思ったら、余計に気になってしょうがなくなって、ネトストしまくったり、粗探ししちゃう。自分の方が上だったら「趣味わるいな」と思うし、眼中にもないのに。

嫌いな奴の情報は一切耳に入れたくないからすぐブロックする派だし、嫌いな奴の情報調べたり、わざわざ構ってるのって理解できないんだけど、**ただし元カノ、テメエは別だ。**

元カノと繋がったらとにかく付き合ってた頃のことを聞きまくる。どのくらいの頻度で会ってたか、束縛のレベル、貰ったプレゼント、好き好き言われてたか、彼の友達に会わせてもらってたか。自分が元カノより上回ってなきゃ発狂する。

幽霊とゴキブリと元カノだけは本当に怖いからやめて。

元カノのこと、付き合ってたことが生き恥くらいボロクソ悪口

言ってくれれば
安心できるのに。

彼の意外な一面は私だけが知っていればいいから元カノ全員消滅してほしい

やっぱり恋愛に欠かせないのって、ギャップだと思う。しっかり者なのに天然だったり、見た目はチャラいけど実はまじめだったり、そういうところにキュンときて、まんまと好きになってしまう。

それに付き合ってみないとわからないギャップもたくさんあって、例えば、みんなの前では頼れるお兄さんだけど、二人のときは子どもっぽい一面があったりとか、イケメンなのに寝顔がブサイクとか、意外に涙もろいとか、照れた表情が可愛いとか、私だけが知ってればいいから元カノ全員死んでほしい。好きな人のこと、独占したい。

ギャップをうまく使って好きな人と付き合いたいし虜にしたいけど、私の場合は有効活用できてない。

一番言われるのが、好きじゃない人にはサバサバしてるけど好きな人にはデレデレだから、サバサバが好きで付き合った人にはギャップにびっくりされて、前の方が良かったって言われるし、それで甘えるのが怖い。逆にそういうところもいいよって言ってくれる人もいるんだけどな。むずかしいな。

好きな人と別れたあと、次に進めないのは自分に自信がないから

高校生の頃、付き合ってた人と別れて、でも私は未練がましくずっと好きで、元に戻りたいけどそんなこと言い出す勇気もなくて……ということがあった。

自分からアクション起こせないからいつまで経っても何も変わら

ないまま、ズルズルと時間だけが過ぎていったことがある。

気づいたらあっちはどんどん先に進んでいて、新しい彼女とか作っちゃってて、私だけおいてけぼりにされた気持ちだった。

すぐに行動していれば、やっぱりまだ好きなんだけどって言えてれば、何か変わっていたかもしれないなって今でもずっと後悔している。

しかも、あのときから私は何も変わっていなくって、今でも自分から行動に移せないのは直っていないし、なんでこんなに臆病なんだって思うし。

こんなんじゃだめだって分かってるなら行動しろよ、分かってんだからできるじゃん簡単じゃんって話だけど、どうしてもだめで。それはやっぱり自分に自信がないのが大きな理由。こんな私がとか、どうせうざがられるしとか、勝手な妄想が邪魔をしている。

どうでもいい奴には本性出しまくるのになぜかモテる好かれたい人にはただの都合のいい女になってる

どうでもいい奴には本性出しまくるし、くそ自己中に振り回すのになぜかその人からモテるし、好きな人には好かれたいから頑張ってその人好みの系統に変えたり、わがままなんか一切言わないし、仕事の話もうんうんって聞いて、理解力ある女になろうとするし、予定もあっちに合わせて頑張るのに、気づいたら都合のいい女になってて見向きもされない。結局セフレ要員。

好きじゃない男に対しての私「……何？ ……あっそう……へぇ……（タバコスパァ～）」

好きな人に対しての私「世界一かっこいい～♥ 何してもかっこいい～♥ ぎゃー！ うどん食べてるの可愛い無理！ フーフーしてるの可愛い、待って、無理」

ってくらい態度違うのに、男が寄ってくるのは前者なんだよな。

わがまま言ったり心配かけたりする子のほうが結局構われてるなら、もういい子でいるのやめようかな。

男の人は、振り回されるくらいのほうが、魅力的なの？ 狩りしてた頃のDNAが残ってるから、逃げる獲物は追いたい感じなの？

それともただのマゾばっか寄ってきてんの？

真っ直ぐ愛されると拒絶反応起きて全身ガタガタ震えて白目剥いてしまうし毎日のように好きだよ愛してるよなんて言われたらゲロ吐き散らしてしまうし、でも浮気する男や好きって言ってくれない男はゴミだと思ってるしどうすればいいんだ。追いかけるのは辛いし苦しいのに追われたら飽きてしまう。

**ケータイ見るとか一番信用を失くす行為じゃないですか？
でも見まーす！　全然見まーす！**

彼氏のケータイを見るときの心情は、百％浮気を疑ってるわけじゃなくて「きっと大丈夫だよね」ってすがる思いなんですよ。でもまあ、怪しいなって思った時点で浮気してるんですよね……！
そこで私のターン！　彼ピッピへの信用を生け贄に「ケータイの

ロックを解く」！　恐る恐る「発信履歴とLINE見る」を召喚！　ここでマジックカード「ヒスりながら彼を問い詰め相手の女に電話をかける」を発動！「この女誰!?　電話させろ！」って電話して、「もう二度とかかわらないで！」と言い捨て勝手に着信拒否。

　そして彼のターン！「お前さ、ケータイ見るとかマジありえないし電話かけるとかキモい。本気でめんどくさいし重過ぎだしもう無理だわ。別れよ」。浮気されたのこっちなのに、最終的に逆ギレされて、なぜかこっちが悪者になってターン終了。

　ケータイ見た瞬間、血の気が引いて吐き気がするあの感じ、手の震えが止まらなくて文字がちゃんと読めないあの感じ、二度と経験したくない。

　ちなみにケータイのパスワードは、日ごろから指の動きをチェックしていれば、だいたい分かります。

彼氏のケータイは見たいけど、私のケータイは死んでも見せられない

彼氏のケータイを見て発狂しまくったら「じゃあお前も見せろよ！」って無理矢理ケータイ奪われそうになって、咄嗟にベランダから投げ捨てたことある。十一階でした。

ケータイが壊れるか、見られるかだったら、迷わず壊れる方を選

んだのは、私だって男の子とLINEしてたりするし、ホストクラブ行ったりしてたし、見られたら本気で死ぬ。

彼氏には、束縛されたいし、誰とどこで何してるかしつこく聞かれたいし、男から連絡きたらキレられたいし、水商売だめとか言われたいし、LINE返さなかったら鬼電とかされたいし、電話出ないで何してたんだよとか言われたいし、門限決められたいし、軟禁されたいけど、ケータイだけは絶対に見せれない。何があっても見せれない。死んでも見せれない。

そっちは私が怪しいからケータイ見せろってわけじゃなくて、俺のも見たから見せろって理由でしょ？　そんなの見せねえよ！　こっちはバレないように遊んだり、うまくやってたんだよ。バレる方が悪い。

メンヘラには「浮気したら殺す」「電話出ろよ殺すぞ」って言っとけば機嫌よく

なって何でも言うこと聞くのでおすすめです。

匂いって鮮明に残るし呪縛だよね

大好きで忘れられない元カレと同じ香水の人とかいると、動悸がやばくなって、会いたくなって、泣きそうになる。

道で同じ香水の人とすれ違ったら「もしかして」って思って振り返ってしまう。どんなに喧嘩して、もう無理だって思ったって、抱きしめられて頭ぽんぽんされると許してしまったこととか、鮮明に思い出してしまう。

男の人の好きな匂いは？　って聞かれたら、好きな人がつけていた「ドルガバのライトブルー」って答えるんだけど、わざわざそれを買ってつけてくる人もいて。

そっちはいいことだと思ってしているんだろうけど、ちがう！　お前がつけてても意味ない！って思う。私を悲しませたいんか！って。そう思うなら教えなきゃいいじゃんって思うだろうけど、好きなものは好きだし、そこは嘘をつきたくないし、元カレの好きなところを隠して無かったことになんてしたくないっていう、めんどくさい私がでてしまう。なかなか忘れられない。

匂いは、その人が居なくなっても残るし、だんだんと消えていってしまうあの感じも悲しい。ほんとうに卑怯。

私「ねー、髪色変えた！」
彼「いいじゃん」
私「ネイルも変えた！
薬指にイニシャル入ってる」
彼「いいじゃん」
私「今日の服どう？」

彼「いいと思う」
私「化粧薄くしたんだけど！」
彼「いいね」
私「可愛いって言えよ殺すぞ」
彼「いつも可愛いよ～（頭なで）」
嫌いじゃない（超好き）

デートの当日に喧嘩して「もう今日会うのやめよ」って電話切ってもすぐかけ直してきて、「ほら迎えに行くから早く準備しろよ」って……。
もう本当にこの人以外
と付き合えない！

私「仕事お疲れ！　今日会う？」
彼「会いたい？」
私「会いたいけど、疲れてるなら大丈夫」
彼「ごめん、明日会おう」

〜ピンポーン〜
私「!?」
彼「ただいまー、あけてー」
ってやつ今思い出しても
ニヤける。

駐車券を口に咥えて車バックさせると助手席に手を置いてきて「ほら行く

ぞ」って頭ぽんぽんし
てくるの、好きです。

普段ドSな彼がセックス中に「エロすぎ……俺もうお前以外とできねーわ……」「やべ……もう出していい？」って

余裕無さそうにしてるの最高に萌えません？
私は好きです。

Chapter4

後悔を吹きとばして逞《たくま》しく生きる

I will throw away my regrets and live my life proudly.

浮気は二回まで許すけど、三回目は余命三秒だと思えよ

一回目の浮気は許す。何で？　私のこと好きって言ったじゃん何で？　信じてたんだよ？とかヒスりながらも、まあ許す。

二回目となると、もう泣いて発狂して問い詰めて別れてやりたいくらいだけど、悔しいくらいにやっぱり好きだし別れたくないから

言えない。

けどぶっ殺してやりたいくらい腹立つから、その怒りを物にぶつけます。スッキリする方法は、彼の歯ブラシで洗面台磨きまくって、トイレの水溜まってるとこで歯ブラシ洗ってそのまま戻すか、黙ってまくらに鼻くそをつけるか。

三回目の浮気はマジで許せないから、発覚したときには余命三秒だと思えよ。

でも、浮気されて最初は泣いて発狂して問い詰めるけど、時間が経つとすげえ冷静になるし生理的に無理、二度とかかわるな、ドブの水飲んで死ねってなる。

更に時間が経つと、でもそれでも嫌いになれないの。好きだよ。別れたくないよ、ごめんね、悪いとこ直すから捨てないでってこっちがすがって引き止めてるからわけ分かんねえな。

確実に美人は三日で飽きないけど、「顔がいいだけの女」には必ず賞味期限がくるから

顔って本当に大事だし、世の中顔なのもわかってる。男が言う、「外見よりも中身が大事」っていうのだって、そりゃ美人にこしたことないと思うし。

けど、年取れば顔も崩れるからさ、顔だけいい女なんて賞味期限

切れたら何も残んないじゃん。若いうちは可愛いければそれだけでちやほやしてもらえるし、料理できなくても可愛いし、わがままでも可愛いし、方向音痴でも可愛いし、何もできなくても大切にされるけど、可愛いいだけで生きてきた人は、他に何か武器を持ってないと、結局最後は何も残らない。

外見の自分磨きも頑張るけど、性格もネチネチしたりしないようにとか、こじれるようなこと言わないでおこうとか、気をつけるようにして。他にも料理できるようにとか、愛嬌があったほうがいいって気をつけたり、必死に「顔がいいだけの女」にならないように、今のうちから頑張っておいた方がいい。年取ってから頑張ったって遅いから。

今の若いうちだけ勝ち組として生きるなら顔。一生勝ち組として生きるなら中身。どっちも持っていたら、もう最強。

すぐ裏切る女がよく使うセリフランキング一位「めんどくさい事嫌いだしネチネチしてる女マジ無理」

二位「あたしイケメン苦手……」
三位「絶対言わないから教えて！」

「男の為に可愛くなる」って いいことだよ

結局、好きな人から可愛いって言われなきゃ意味がないし、言われたら言われたで、もっと可愛くならなきゃって今まで以上に頑張るし、いいことだらけじゃないですか？

やっぱ誰に言われるよりも、好きな人に言われなきゃ意味がない。

「男ウケのために自分磨きとか……」っていう意見もあるけど、私は好きな人に可愛いって思われたいし、振り向いてほしいし、好きな人の周りの女の子よりも可愛くいたい。

付き合ってるのに周りに隠されたくないし、俺の彼女だって知り合いみんなに自慢してほしい。

好きな人に一番可愛いよって言われたらそれが自信に繋がって、自分の為にもなるから、「男の為に可愛くなる」って悪くないでしょ？

やっぱり愛され続けるっていう目的が、頑張る力になるんだと思うんです。

お前らが何もしないで他人をデブブス罵っている間に、私は働いて、稼いで、美容にお金かけて、ダイエットして、どんどん可愛くなってくから達者でな！

私「別れよ（一回目）」
彼氏「嫌だよ」
私「別れよ（五回目）」
彼氏「ちゃんと話そうよ」
私「別れよ（三十回目）」
彼氏「すぐ別れよって言うのや

めろ」
私「別れよ(百回目)」
彼氏「またかよ」
私「別れよ(三百回目)」
彼氏「分かった」
私「……え?? は?」

私と雰囲気似てるわーって女と浮気するならまだ分かるけど、真逆行かれると本気で複雑

私のことタイプとかお前が一番可愛いとか散々言っといて、浮気する女は私と真逆のタイプってことがよくあるんですが、あれってなんなの？

私ではものたりなくなってきて、たまには逆いってみよー！って

ノリなんですかね。浮気相手に求めることと、本命に求めることって、違うっていうけど、本当にそうだって思う。

恋人が浮気したのだって、自分に飽きられたから浮気されたっていうのと、その浮気相手より劣ってる自分のせいだし、浮気ってされる方にも原因があるって思ってる。そのくせ、「私もあの子みたいに日サロ行って髪染めて、パリピ系女子になったほうがいい?」って聞くと全力で止めてくるんですよね。

まあ、浮気相手が私と同じタイプでも、それはそれで私に飽きて向こうのほうが本命になったらどうしようって思うから、嫌なんだけど。

浮気する奴の考えって、塩味食べたら甘いの食べたくなるかんじ? **毎日カレーだったらラーメン食べたくなるもんね……うるせー、カレー食ってろ!**

彼氏が浮気したら
ローションの代わり
に脂肪燃焼ジェルで
手コキしましょう。

泣き叫びながら謝られます。激熱らしいです。

付き合ってはいけない三大Bにキャバクラのボーイも追加してほしい

よく言う「付き合ってはいけない三大B」の美容師、バンドマン、バーテンダー、全員と付き合ったことがある。

いわゆるモテる男子で女の人との接点や出会いが多いから、そう言われてますよね。

中でも一番多く付き合ったのが、バンドマンだった。そして、この三大Bのなかで女遊びが一番激しいのも、バンドマンだと思いました。

やっぱりモテる！　楽器できたり、歌がうまかったりすると、弱いんですよね。さらに夢を追っかけていて魅力的に見えるけど、お金がなくて、でもファンが貢いでくれるから、かなりのひも体質。

キャバクラのボーイも三大Bの条件に当てはまっていると思う。口がうまくて、女の子がたくさん周りにいて、モテる。

とりあえずクズ。仕事できるし見た目もそこそこいいし、いい人だなって思っても、女にだらしないか、お金にだらしない人が多いです。

ボーイも付け足せば、四大Bになるな。

浮気されたってこと
は見ず知らずのよ
く分からん女がしゃ
ぶった後に平然と

帰ってきて、それを
私がしゃぶってるわ
けじゃん？　くっそ
ゲロ吐きそう。

恋からさめると大好きだった人も他人以下

二年付き合って二年引きずった男の人がいた。彼のことは本当に大好きで大好きで仕方なかった。

なのに別れて新しく好きな人ができて気持ちが冷めたあとは、連絡を返そうとも思わないし、情すらわかないし、生きてるか死んでるかも分からないし、名前言われてもあんな奴いたなってくらいだし。気持ちがこんな一八〇度も変わるのってなんだか不思議だなって思うんです。

この人と上手くいかないと、辛くて辛くて家から出れないし学校も行けないし仕事も行けないしって感じだったのに。

それは新しく好きな人ができたからなのかな、時間が解決してくれたのかな。とくにきっかけもなく、どっかでもういいやって思えてきちゃう。

ただの他人でも、一応気を使ったり愛想笑したり失礼のないようにくらいは思うけど、一度好きになったことのある人で、ある程度その人のことを知ってしまっているから、もう変に気を使ったりしないし、どうでもよくなって無視もできるし思ったことも言えるし、ふっきれるともう他人以下。

元カレからもらったものは取っておく？　捨てる？　それとも売る？

元カレからのプレゼントは捨てるか残しておくか、人によって分かれると思います。他にも、使えるものだけ残しておく派、お金になりそうなブランドものは売る派……さまざまですよね。

私は悲しみを引きずりたくないし、身の周りをリセットしたいから、アクセサリーとか服とか写真とか、別れたらとりあえずそっこう捨てる。とにかく全部捨てる。新しくできた彼氏が家に来たときに怪しまれるのも、やましい気持ちが残ってるのも、そこから何かこじれるのも嫌だし。

ただ、ひとつだけ後悔しているのが、けっこういい加湿器をもらったことがあって、もちろんそれも捨てたんだけど、今思い出すともったいなかったなって思う。自分では買えないような物だったし、お気に入りだったし。

物に罪はないから、残しておけばよかったなって。

アクセサリーとかバッグとか洋服とか、身につけるものって、愛とか念とか想いとかがありそうだけど、家電ってなかなか絶妙だと思いませんか？

これからプレゼントねだるときは家電も視野に入れようかな。

前までは狂ったように嫉妬してそれをいちいち言ってたし、少しでも怪しいと思ったら問い詰めてたけど、今はもうめんどくさくて何かあっても「あああいつもか」「またこのパター

ンね」って冷めた目で見ちゃう
し、好きが爆発することがなく
なった。前の方が全力で恋愛し
てたな。

復縁したければ一度周りをリセットして新しい自分で出会い直すこと

大好きな人に振られたけど、ずっとずっと忘れられなくて、復縁したくてたまらなかったことがあります。泣いてすがるだけでなく、そのときはその人に対する執着をすべて捨てて関係を断つことにしました。今の私のことは好きじゃなくなったってことだから一度リセットして、新しい私にならなきゃ、新しい私で出会い直さなきゃって思ったから。未練がましくしてると、「まだ俺のこと好きなんだ」って思わせてしまう要因になるし、最悪の場合「こんなにしつこくてうざい奴と別れてよかった」って思われてしまうから。

一番大切なのは、君がいなくたって私は幸せですアピールをすること。もう一人で大丈夫ですって思わせること。そうすれば向こうも寂しくなるはずだから。あとは女磨きを忘れないこと。

そうすれば、久しぶりに会ったり、どこかで私の噂を聞いたり、思い出したりしたときに、あんないい女を逃してたんだって、私と別れたことを後悔するはず。一気に復縁の可能性が高まります。

どうしてもやり直したい相手がいるときは寂しい気持ちをグッと我慢してみて。

どうでもいい人に感情のムダ遣いをしたくない

好きな人には私の全部をあげたいって思う。

感情だって最大限に表現したいし、使える喜怒哀楽は全部使いたいと思う。うれしいことがあったら一緒に喜びたいし、辛いこととか悲しいことがあったら声が枯れるまで泣きたいし、嫌なことがあったら気が済むまで怒りたいし、一緒にいて楽しかったら思いっきり笑いたいし。

大事な人のためには時間もお金も感情も、全部全部あげたい。思いっきりぶつかって分かりあいたい。そのほうが一緒にいて幸せだと思うから。

その反対で、どうでもいい人からは何を言われてもどうでもいいというか、どうでもいい人にわざわざ喜怒哀楽を表現したくないって思う。感情のムダ遣いをしたくないんだよね。

だってどうでもいい人は私の本性も何も知らないわけだし。その分のエネルギーがもったいないから。

どうでもいい人に気持ちをぶつける時間やパワーがあるなら、身近な友達や家族や好きな人に気持ちを伝えたいし、そうした方がいいって思うんです。

身体の相性よすぎてチンコに恋してた感ある

身体の相性ってけっこう大事。

浮気性DV男と付き合っていたときも、性格はクズだけど身体の相性がいいからなかなか離れられなくて、別れたあともずっとセフレだった。

大好きな人とのセックスは、幸せだし想い合ってるから、それはそれでとっても気持ちいいけど、心だけでは補えない「相性」や「気持ちよさ」があるんですよね。

正直好きな人と身体の相性が悪かったらショック。別にそれがすべてではないしいいんだけど、長く付き合ったり浮気をしないためにはだいぶ必要だと思う。

セフレから入れば付き合う前に相性を知ることもできるけど……。それに、女の人が相性がいいなって思うのと、男の人が相性がいいっていうのだって違うっていうし。私だけが気持ちいいって思ってるだけかもしれないし……。

私は浮気性DV男のこと、最初は本当に好きで、途中からチンコに恋してたんだけど、彼は私の何に恋してたのかな？　最初からまんこだよって言ったら殺す！

一番に愛されたいとか
言ってるけど、実際本当
に私だけを見て私だけ
を一番に愛してくれる人
のことは好きになれな

さそう。女の影があってちょっとでも気を抜いたら浮気されるかもくらいが燃えるし、とりあえず幸せになれない。

どんなにクズな男と付き合っても別れてから美化されるのなんで？

付き合っていた頃は浮気男やDV男で、周りからそんな男やめなよって言われるような、ひどいことたくさんされて裏切られて、あっけなく捨てられて、自分もすっごくすっごく憎んでたけど、時間が経ってあとあと思い返すと、思い出が美化されて、あんな奴だったけど、それでもいいところあったなとか、うれしいこと言ってくれたなとか、案外優しいところもあったかもとか、そんなことばかり頭に浮かんできて、結局私が子どもだったからうまくいかなかったのかなって結論になってしまう。

そんなことを考えてると、どんどん恋しくなってきて、前に進めない。結局ダメ男から抜け出せなくて、よくない恋愛を無限ループしてる。

そう思ってしまう理由は、こんなこと何度も繰り返しているんだけど分からない。時間が経ったから許せてるのか、寂しくなったからなのかは分からないけど、「相手は悪くないけど私が悪い」というところに着地してしまう。

この呪縛はいつ終わるの助けてって思いながらも、連絡を待ってしまっている自分が怖い。

未練ある失恋して
たくさん泣いたって、
今ではあんなくそ男ってなってるし
辛いのなんて今だけだよ

別れたとき、この世の終わりかと思うくらい絶望で泣き叫んで、どんなにひどいこと言われたりされたりしてもそれでも大好きで辛くて、この先この人以上好きになれる人なんていないって自殺未遂したくらい好きだった元カレも、今思い返すとどこがかっこいいのかも分からないし、誰かが名前出して思い出すくらいだし、誕生日すら忘れたし、時間ってすごい。

諦めの悪い私でも、さすがにずっとずっと好きなわけでなくて、あるときにふと冷めてしまうことがある。何かきっかけがあるわけでも、他に好きな人ができたわけでもないけど、急に。

前まではこっちが勝手に尽くすからそばにいてって思うくらい本当に好きだったけど、もう今は無理だよって。散々裏切って傷つけて泣かせて突き放してきたくせに、今になって忘れられないし戻りたいって言われても、あのときの私だったから付き合えていたわけで、時間が経ってどんどん平気になっていって、今ではもう連絡してくんなよ、連絡きたって返さねえよってなるから、確実に成長してる。

失恋なんて辛いの今だけだよ。そのときだけだから、頑張ろうね。

Q

都合のいい女ってどう思いますか？

A

楽だと思いますよ。一番じゃないからあっちも本気でぶつかってこないし、喧嘩もすることないし。ただ永遠に一番になれないですけどね。

Q

恋の駆け引きで失敗した例は？

A

相手の気持ちをたしかめようとわざと突き放したり冷たくしたら「何考えてるか分からない」と言われて振られた。

Q

振られて立ち直るには、何が効果的ですか？

A

立ち直る方法なんてないです。そんなものあったとして本当に立ち直れるんなら「未練」なんて言葉存在しないし。時間が過ぎるのを待つしかない。新しい相手ができるまではずっと引きずる。待つしかない。

Q

セフレからただの友達に戻れますか？

A

その人にたいしての全ての感情と執着を捨てれば戻れるよ。

Q

遠距離恋愛の続くコツはなんですか?

A

お互い好き過ぎるとだめです。夢や趣味があれば、多少会えなくても大丈夫だけど、暇で何もないと喧嘩も増えるし遠距離だから会いたいとき会えないし。すれ違いがおきてうまくいかない。お互い好き過ぎずにちょうどいい距離を保つこと。

Q

性格が一緒でない人との恋愛はどう思いますか？

A

お互いしっかりし過ぎてても疲れるし、頼りなさ過ぎてもだめだし、性格は真逆くらいがいい。似てるとぶつかり合うことが多いから、足りないところを埋め合っていったほうがバランスがとれる。

おわりに

最後まで読んでいただいてありがとうございます。

私は物心ついたときには両親が離婚していて、お父さんに引き取られいつも兄と二人でした。七歳のとき父が再婚。再婚相手から虐待を受け、家にも学校にも居場所が無く地元のヤンキー達とつるみだしました。十五歳のとき先輩にキャバクラで働かないかと誘われ、毎日働いて終わったらクラブで遊びまくり。十六歳で更生施設に入れられ半年間誰とも会えず、施設を出たあとは自立援助施設に入り居酒屋でバイトをしながら一人暮らしをするため貯金を始めました。十七歳のとき付き合って半年だった彼氏との子どもを妊娠。彼の両親におろしてと言われ中絶しました。精神的におかしくなり、精神科通い、リストカット、ODなどの自殺未遂の毎日。全財産ホストに貢ぐなど散々でした。キャバ、セクキャバ、風俗、昼職など経験して、今は一人暮らしをしながらキャバクラで働いています。

私はこのような過去から、愛されたい、認められたいという気持ちが人よりも強く、家族や友達などに負わされた心の傷を男で埋めようとしているんだと思います。でも、これまで愛された経験がなくてどうすればいいかわからず、上手くいかなかったり尽くしすぎてうざがられたりを繰り返しています。

この本は、私がこれまでツイッターに投稿してきた恋愛ツイートを元に書き下ろしたものです。たくさんの人に共感すると言ってもらえた言葉を一冊の本にできてうれしいです。手に取ってくれたみなさん、フォロワーさん、本当にありがとうございました。

好《す》きとか遊《あそ》びとか
本《ほん》気《き》とか浮《うわ》気《き》とか
駆《か》け引《ひ》きとか、
もうどうでも
いいから
愛《あい》してくれ

2017年 4 月27日　初版発行
2018年 9 月20日　9 版発行

著者　みやめこ
発行者　川金正法
発行　株式会社KADOKAWA
〒102-8177 東京都千代田区富士見2-13-3
電話 0570-002-301（ナビダイヤル）
印刷所　図書印刷株式会社

KADOKAWAカスタマーサポート
電話　0570-002-301（土日祝日を除く11時～17時）
WEB　http://www.kadokawa.co.jp/（「お問い合わせ」へお進みください）

※製造不良品につきましては上記窓口にて承ります。
※記述・収録内容を超えるご質問にはお答えできない場合があります。
※サポートは日本国内に限らせていただきます。

定価はカバーに表示してあります。

　Printed in Japan　ISBN 978-4-04-069134-3 C0076

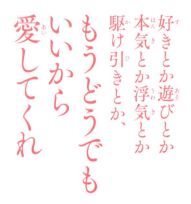